ISBN 978-3-649-60531-7

© der Erstausgabe 2003 Coppenrath Verlag, Münster
unter dem Titel „Die Kunst des Nichtstuns"
Überarbeitete Neuausgabe
© 2012 Coppenrath Verlag GmbH & Co. KG, Münster
Grafische Gestaltung: Eric Schrader
Alle Rechte vorbehalten, auch auszugsweise
Printed in China

www.coppenrath.de

Michael Harles

Nimm dir Zeit, genieß das Leben!

Von der Kunst, gelassen und glücklich zu sein

COPPENRATH

Klarer Tag

Der Himmel leuchtet aus dem Meer;
ich geh und leuchte still wie er.
Und viele Menschen gehn wie ich,
sie leuchten alle still für sich.

Zuweilen scheint nur Licht zu gehn
und durch die Stille hinzuwehn.
Ein Lüftchen haucht den Strand entlang:
o wundervoller Müßiggang.

RICHARD DEHMEL.

Es lebe der Müßiggang!

Der süße Kuss der Muße – wer spürt ihn nicht gerne auf seiner Haut? Wie warmen Wind, der uns wohlig umweht. Wer kennt nicht das Glücksgefühl geschenkter Zeit? Freie Zeit zum Abschalten, Ausspannen, Herumschlendern, Tagträumen, einfach nur da sein, bei sich selbst sein. Ja, vielleicht sogar um nur träge auf der faulen Haut zu liegen, ohne schlechtes Gewissen. Muße, Zeit, Ruhe – selten gewordene Kategorien im Informationszeitalter. Deshalb ist die Zeit, in der nichts getan werden muss, aber alles getan werden kann, ein wertvolles Gut. Die Mußestunden sind die letzten Inseln persönlicher Freiheit im Meer der Fremdbestimmung und Nützlichkeit. Insofern sind sie für jeden Menschen von unschätzbarem Wert.

Doch die Kunst des Nichtstuns ist aus der Mode gekommen. Derjenige, der nichts tut, hat als „Nichtstuer" und „Müßiggänger" einen denkbar schlechten Ruf in einer Gesellschaft, in der alles, auch die Zeit, ja sogar die freie Zeit, verplant und vermessen ist. Er gilt als ausgemachter Faulpelz, als Tagedieb, der den anderen auf der Tasche liegt. In den argwöhnischen Augen der rastlos Beschäftigten erscheint das Nichtstun in jeder Form als nutzlos vertane Zeit. Und deswegen wird sogar die Freizeit – der klassische Ort des Nichtstuns – von vielen Zeitgenossen durchorganisiert wie die Arbeitswelt. Mußestunde und Müßiggang sind aber nur scheinbar zu nichts nütze.

Im Gegenteil ist der Nutzen beim bewussten Nichtstun schier unermesslich – gerade weil er sich nicht messen lässt wie bei einer Tätigkeit. Denn die Muße eröffnet jedem Menschen – wie das Spiel – die Möglichkeit, zweckfrei und zwanglos zu sich selbst zu finden. So wie für den Weisen der Weg das Ziel ist, so liegt das Ziel des Nichtstuns einzig und allein in ihm selbst – im Freiraum, den es bietet zum Nachdenken, Meditieren, Träumen. Die Muße erst öffnet das Tor zum inneren Reichtum jedes Menschen und weist den Weg zu unseren ungehobenen Schätzen.

Das Glück des Nichtstuns freilich kann nur empfinden, wer den Müßiggang aus freien Stücken und nicht aus äußeren Zwängen wählt. Wer zur Untätigkeit gezwungen wird, obwohl er gerne tätig wäre, dem wird das Nichtstun zur Qual und zur Last. Und das führt letztlich zu Stress und Unglücklichsein. Und wer nur auf der faulen Haut liegt, für den verliert auch die Muße an Wert. Müßiggang und Freiheit gehören untrennbar zusammen. Nur dann lassen sich Mußestunden mit Glück und Geist erfüllen.

Die Kunst der Muße gilt seit der Antike als eine der edelsten Künste des Menschen. Höchste Zeit also, in einer verplanten Welt diese große Tradition wieder zum Leben zu erwecken und gegen die Zeitdiebe zu verteidigen. Übrigens: Auf Mußestunden muss man nicht warten wie auf Godot. Man kann sie auch verschenken. Am besten an sich selbst.

Soll ich dein tiefstes Wesen klar erkennen,

so musst du redlich mir zwei Dinge nennen:

nicht bloß den Zielpunkt deines Tatendrangs,

nein, auch den Inhalt deines Müßiggangs.

OSKAR BLUMENTHAL

Mit süßem Nichts

Nach langer Arbeit glücklichem Vollbringen
mit süßem Nichts die Tage zu verträumen,
bei jedem flüchtigen Genuss zu säumen
am Großen sich ergötzend und Geringen;

aus edlen Dichtern einen Vers zu singen,
gestreckt ins Gras, wo lauter Quellen schäumen,
an Rosenhecken und Lindenbäumen
das Leben unbesorgt dahinzubringen;

im Mai die Stirn mit jungem Laub zu krönen,
die lauen Nächte, bis es wieder taget,
durch Weingenuss und Liebe zu verschönen;

dies ist, und wenn mich auch darob verklaget
ein Sittenrichter, der es will verpönen,
das Einzige, was meinem Sinn behaget.

AUGUST VON PLATEN

Was ist Müßiggang?

Müßiggang heißt das Genießen der Ruhe ohne Erholungsbedürfnis und ohne vorhergegangene Arbeit. Der Müßiggang entspringt meist aus Trägheit, bisweilen Genusssucht, die auf gesellige Vergnügen, Reisen, ästhetisierende oder literarische Näscherei usw. gerichtet ist. Geschäftiger Müßiggang ist die regellose und daher meist unnütze Geschäftigkeit. Nach dem Strafgesetzbuch ist Müßiggang so viel wie Arbeitsscheu und wird unter Umständen mit Strafe belegt.

Kirchners Wörterbuch der philosophischen Grundbegriffe (1911)

An sich ist Müßiggang

durchaus nicht die Wurzel allen Übels,

sondern ist, im Gegenteil,

ein geradezu göttliches Leben.

SØREN KIERKEGAARD

Müßiggang –
aller Laster Anfang?

Die scheinbar moderne Verteufelung des Nichtstuns hat eine lange Tradition. „Müßiggang ist aller Laster Anfang und des Teufels Ruhebank" ist ihr sprichwörtlicher Ausdruck. Bei den frommen Juden lautet die Mahnung: „Gott duldet keinen Müßiggang."

Woher kommt dieser uralte Bannstrahl, der auf das Nichtstun zielt? Vielleicht aus der ökonomischen Einsicht früher Gesellschaften, dass nur beständige Arbeit das Überleben sichert? Vielleicht aus der psychologischen Einsicht, dass im Nichtstun Gefahren für das Wohlbefinden des Individuums lauern? Vielleicht rührt die Ächtung des Müßiggangs aber auch vom nagenden Verdacht der rastlos Tätigen, dass sich das ganze Schuften vielleicht doch nicht als allein selig machender Weg zur Selbstverwirklichung lohne?

Müßiggang ist also eine Provokation für jede Gesellschaft. Nichtstuer wurden immer schon gern zu Taugenichtsen, Müßiggänger zu Schmarotzern erklärt. Und das häufig zu Unrecht. Denn richtiger Müßiggang ist kein leichtes Spiel. Es ist eine hohe Kunst. Die Voraussetzung für den Müßiggang ist das Nichtstun. Was ist das Nichtstun für sich genommen? Ein offener Raum, ein zweckfreies Laboratorium für Neues, in dem prinzipiell alles entstehen kann.

In der nicht verplanten Zeit können sich die gewaltigen Energien des Unbewussten, der Träume, der Phantasie, der Kreativität entfalten, die von einer nutzorientierten Tätigkeit im Zaum gehalten werden. Der Müßiggang ist ein Königsweg, um den jedem Menschen innewohnenden Reichtum zu heben und ihn zu einem Bestandteil des eigenen Lebens zu machen. Wenn die inneren Energien aber entfesselt sind, dann ist der Ausgang ungewiss. Nicht jeder, der in sich geht, findet etwas. Oder immer nur Schönes. Wer Glück hat, der verwandelt den Müßiggang in die Kunst der Muße. In selbstbestimmte und erfüllte Zeit.

Die Muße ist eines der letzten Refugien der modernen Welt, in dem selbstbestimmte Begegnungen möglich sind: mit anderen, vor allem aber mit sich selbst. Die wahren Meister der Muße können als Hüter einer königlichen Kunst alle Anfeindungen also gelassen ertragen.

Was nützen dir Liebe, Glück, Bildung, Reichtum, wenn du dir nicht die Zeit nimmst, sie in Muße zu genießen?

Emilie von Gleichen-Russwurm

Ich schlage vor, in allen Schulen einen Kurs zur „Erlernung der Langsamkeit" einzuführen. Von mir aus darf es sogar ein Leistungskurs sein. Langsamkeit wäre eine Gangart, die der Zeit zuwider verliefe. Die bewußte Verzögerung. Das bis zum Stillstand gebremste Tempo. Das Erlernen des Innehaltens, der Muße. Nichts wäre inmitten der gegenwärtigen Informationsflut hilfreicher als eine Hinführung der Schüler und Schülerinnen zur Besinnung ohne lärmende Nebengeräusche, ohne schnelle Bildabfolge, ohne Aktion und hinein ins Abenteuer der Stille, in der einzig Eigengeräusche erlebt werden können. Ich weiß: ein Vorschlag, den zu realisieren zwangsläufig die Zeit fehlen wird. Dennoch bitte ich darum, ihn nicht nur zu belächeln, sondern ihn spielerisch ernst zu nehmen; er hat es in sich.

Gunter Grass

Was man für die Muße braucht

Zeit ist die Bedingung für Muße. Ohne Zeitinsel im Ozean der Arbeit keine Möglichkeit für Muße. Je größer diese Insel ist, umso besser. Die Insel ist der Boden, auf dem die Muße wachsen kann. Langsam. Tempo ist ihr fremd. Und die Muße ist scheu, es kann dauern, bis sie sich einstellt. Deswegen sollte es auf einer Zeitinsel bequem sein. Um gelassen warten zu können, ohne etwas zu tun. Und mal zu sehen, was passiert.

Raum ist in der kleinsten Hütte. Das gilt auch für die Muße. Sitze da und tue nichts. Dann wird sich was tun. Denn Muße braucht nicht viel Platz, aber eröffnet neue Räume. Bis zum Horizont. Und hinter dem geht's bekanntlich weiter. Der innere Horizont kennt keine Grenzen. Der Raum für die Muße ist die ganze Welt. Die Welt im Kopf. Um der Muße Platz zu schaffen, muss das eigene Innere erst einmal entrümpelt werden. Dann kann die Muße sich im leeren Raum entfalten und ihn mit den wunderlichsten Dingen füllen. Der leere Raum ist das Element der Muße.

Ruhe ist die Form der Muße. Stress, Hektik und Lärm sind ihre natürlichen Feinde. Äußere Ruhe – Stille – kann hilfreich sein, ist aber nicht unbedingt notwendig, innere Ruhe dagegen schon. Wer die Muße sucht, begibt sich am besten zuerst auf die Suche nach der inneren Ruhe und nach allem, was dazu beiträgt: Musik, Bücher, Natur, Atmen, Meditation usf. Der Weg zur Ruhe ist vielfältig, das Ziel ist immer gleich. Die Muße ist gleichsam die schillernde, die aktive Zwillingsschwester der Ruhe. Sie ist das Auge der Ruhe, das in die Welt blickt.

Zeit Zeit Zeit Zeit Zeit Zeit Zeit Zeit Zeit Zeit
Zeit Zeit Zeit Zeit Zeit Zeit Zeit Zeit Zeit Zeit
Zeit Zeit Zeit Zeit Zeit Zeit Zeit Zeit Zeit Zeit
Zeit Zeit Zeit Zeit Zeit Zeit Zeit Zeit Zeit Zeit
Zeit Zeit Zeit Zeit Zeit Zeit Zeit Zeit Zeit Zeit
Zeit Zeit Zeit Zeit Zeit Zeit Zeit Zeit Zeit Zeit
Zeit Zeit Zeit Zeit Zeit Zeit Zeit Zeit Zeit Zeit
Zeit Zeit Zeit Zeit Zeit Zeit Zeit Zeit Zeit Zeit
Zeit Zeit Zeit Zeit Zeit Zeit Zeit Zeit Zeit Zeit
Zeit Zeit Zeit Zeit Zeit Zeit Zeit Zeit Zeit Zeit
Zeit Zeit Zeit Zeit Zeit Zeit Zeit Zeit Zeit Zeit
Zeit Zeit Zeit Zeit Zeit Zeit Zeit Zeit Zeit Zeit
Zeit Zeit Zeit Zeit Zeit Zeit Zeit Zeit Zeit Zeit
Zeit Zeit Zeit Zeit Zeit Zeit Zeit Zeit Zeit Zeit
Zeit Zeit Zeit Zeit Zeit Zeit Zeit Zeit Zeit Zeit
Zeit Zeit Zeit Zeit Zeit Zeit Zeit Zeit Zeit Zeit
Zeit Zeit Zeit Zeit Zeit Zeit Zeit Zeit Zeit Zeit
Zeit Zeit Zeit Zeit Zeit Zeit Zeit Zeit Zeit Zeit
Zeit Zeit Zeit Zeit Zeit Zeit Zeit Zeit Zeit Zeit
Zeit Zeit Zeit Zeit Zeit Zeit Zeit Zeit Zeit Zeit

Zeit Zeit Zeit Zeit Zeit Zeit Zeit Zeit Zeit Zeit
Zeit Zeit Zeit Zeit Zeit Zeit Zeit Zeit Zeit Zeit
Zeit Zeit Zeit Zeit Zeit Zeit Zeit Zeit Zeit Zeit
Zeit Zeit Zeit Zeit Zeit Zeit Zeit Zeit Zeit Zeit
Zeit Zeit Zeit Zeit Zeit Zeit Zeit Zeit Zeit Zeit
Zeit Zeit Zeit Zeit Zeit Zeit Zeit Zeit Zeit Zeit
Zeit Zeit Zeit Zeit Zeit Zeit Zeit Zeit Zeit Zeit
Zeit Zeit Zeit Zeit Zeit Zeit Zeit Zeit Zeit Zeit
Zeit Zeit Zeit Zeit Zeit Zeit Zeit Zeit Zeit Zeit
Zeit Zeit Zeit Zeit Zeit Zeit Zeit Zeit Zeit Zeit
Zeit Zeit Zeit Zeit Zeit Zeit Zeit Zeit Zeit Zeit
Zeit Zeit Zeit Zeit Zeit Zeit Zeit Zeit Zeit Zeit
Zeit Zeit Zeit Zeit Zeit Zeit Zeit Zeit Zeit Zeit
Zeit Zeit Zeit Zeit Zeit Zeit Zeit Zeit Zeit Zeit
Zeit Zeit Zeit Zeit Zeit Zeit Zeit Zeit Zeit Zeit
Zeit Zeit Zeit Zeit Zeit Zeit Zeit Zeit Zeit Zeit
Zeit Zeit Zeit Zeit Zeit Zeit Zeit Zeit Zeit Zeit
Zeit Zeit Zeit Zeit Zeit Zeit Zeit Zeit Zeit Zeit
Zeit Zeit Zeit Zeit Zeit Zeit Zeit Zeit Zeit Zeit

Das XXII. Sonett

Wir sind die Treibenden.
Aber den Schritt der Zeit,
nehmt ihn als Kleinigkeit
im immer Bleibenden.

Alles das Eilende
wird schon vorüber sein;
denn das Verweilende
erst weiht uns ein.

Knaben, o werft den Mut
nicht in die Schnelligkeit,
nicht in den Flugversuch.

Alles ist ausgeruht:
Dunkel und Helligkeit,
Blume und Buch.

RAINER MARIA RILKE

Wer Pause macht, **hat mehr** vom Leben

Die große Pause

Wer erinnert sich nicht an die heiß ersehnte große Pause in der Schule? Endlich das Gefängnis des Klassenzimmers und die Diktatur der Stundenuhr hinter sich lassen, um sich frei und ungezwungen auszutoben. Die „große Pause" ist zum fast sprichwörtlichen Synonym geworden für die Befreiung von Fremdbestimmung und Pflichterfüllung. Die große Pause verheißt das große Glück, auch wenn sie vielleicht nur 15 Minuten dauert: Pausenbrot und Pausenhof, Abenteuer und Atemholen. Auch in der Arbeitswelt.

> Ich bin immer, auch im Leben, für Ruhepunkte. Parks ohne Bänke können mir gestohlen bleiben.
>
> THEODOR FONTANE

Die kleine Pause zwischendurch

Die kleine Pause zwischendurch ist wie ein Kurzurlaub vom Alltag. Sie beginnt beim träumerischen Blick aus dem Fenster und beim Zurücklehnen im Stuhl, sie geht über das Schweigen, die Kaffeepause und den beiläufigen Small Talk bis hin zum Kurzspaziergang oder zum Hören der Lieblingsmusik. Die kleine Pause zwischendurch ist ein Widerschein dessen, was unser Leben ausmacht, eine homöopathische Dosis vom großen Glück. Und bei richtiger Einnahme soll das ja Wunder wirken und einen wieder ganz gesund machen.

So wie die Pausen ebenso zum musikalischen Rhythmus gehören als die Noten, so mag es auch in freundschaftlichen Verhältnissen nicht undienlich sein, wenn man eine Zeitlang sich mitzuteilen unterlässt.

JOHANN WOLFGANG VON GOETHE

Die Schlafpause

Was für ein Genuss: ein Nickerchen am helllichten Tage. Das Nichtstun in seiner auf die Spitze getriebenen Form. Was den Arbeitsbienen als größte Form des Faulenzens erscheint, ist längst wissenschaftlich untermauert: Der Mensch hat am frühen Nachmittag ein Leistungstief, das man nicht bekämpfen, sondern dem man nachgeben sollte. Übrigens zu jeder Tageszeit. Leonardo da Vinci soll alle vier Stunden eine Viertelstunde geruht haben. Johannes Brahms ist nicht nur beim Komponieren seiner Schlaflieder immer wieder am Klavier eingenickt. Napoleon hat selbst im größten Schlachtenlärm nie auf sein Nickerchen verzichtet. Winston Churchill war sein Mittagsschlaf so heilig, dass sogar Staatsgäste warten mussten. Wer dem Nickerchen frönt, hat also durchaus berühmte Vorbilder.

> Erquicklich ist die Mittagsruh, nur kommt man oftmals nicht dazu.
>
> WILHELM BUSCH

Die Atempause

Nach jedem Ausatmen macht der Körper eine winzige Pause, bevor das Einatmen einsetzt. Sie ist das Vorbild für die große Atempause, die jeder hin und wieder nötig hat. Eine Atempause braucht jeder, der eine Wegstrecke schnell zurücklegt. Für den eine Entwicklung zu schnell geht. Die Atempause sorgt dafür, dass Geist und Körper mitkommen. Das Nichtstun ist so gesehen wie eine gedehnte Atempause im Lauf des Lebens, ein Innehalten und Im-Gleichgewicht-Sein zwischen den Spannungspolen, denen wir beständig ausgesetzt sind. Ohne Atempausen wirkt nicht nur die Stimme gehetzt, sondern der ganze Mensch. Die Atempause sorgt für das Gleichgewicht im Leben.

Im Atemholen sind zweierlei Gnaden: die Luft einziehen und sich ihrer entladen. Dieses bedrängt und jenes erquickt. So wunderbar ist das Leben gemischt.

JOHANN WOLFGANG VON GOETHE

Die Sendepause

Die Sendepause wirft uns auf uns selbst zurück. Plötzlich setzt der Strom der Berieselung mit Bildern und Tönen aus und ein stiller, leerer Raum füllt das Universum. Ein Moment der Muße, ein geschenktes Glück. Die vorher kompakte Zeit dehnt sich plötzlich bis zum Horizont. Alles ist möglich. Der leere Raum beginnt sich langsam zu füllen: mit eigenen Bildern, Tönen und Gedanken. Die Sendepause lässt sich leicht selbst herbeiführen – einfach durchs Abschalten von Fernsehen, Radio, Telefon usf. Ja, sogar die eigenen Gedanken, der Film im Kopf, der innere Monolog lassen sich in meditativer Versenkung abschalten.

Es gibt vielerlei Lärm.
Aber es gibt nur eine Stille.
KURT TUCHOLSKY

Die Feierabendpause

Früher war den Menschen noch „o wie wohl am Abend, wenn die Glocken läuteten". Von biedermeierlicher Idylle kann heute beim Feierabend zwar keine Rede mehr sein, aber seinen verheißungsvollen Klang hat sich „Feierabend" bewahren können. Er klingt nach „dann bin ich Mensch, dann darf ich's sein". Endlich kann ich wieder selbst bestimmen, was ich tun will. Auch wenn dann doch nur oft Kino, Kneipe oder Fernsehen herauskommt. Aber ich könnte ja auch einmal… Ich könnte immerhin und vielleicht tue ich es auch einmal. Die Möglichkeit wäre ja zumindest da.

> Probier's mal mit Gemütlichkeit – mit Ruhe und Gemütlichkeit jagst du den Alltag und die Sorgen einfach weg.
>
> BALU, DER BÄR, IM DSCHUNGELBUCH

Die Sonntagspause

Die kleine Pause des Lebens ist der Sonntag. Einen Tag in der Woche als Ruhetag gibt es in allen drei großen monotheistischen Weltreligionen. Der Sonntag ist für die Christen der Tag der Ruhe und der freien Zeit, aber auch der Muße und der inneren Sammlung. Es ist der Tag der

> Nimm dir jeden Tag eine halbe Stunde Zeit zum Gebet – außer wenn du viel zu tun hast, dann nimm dir eine ganze Stunde Zeit.
> FRANZ VON SALES

„religio", der bewussten Rückbindung an die Schöpfung und damit der inneren Selbstvergewisserung. Er ist der Tag der „contemplatio", der inneren Betrachtung, der geistigen Versenkung. Und ab und zu sein Inneres anzuschauen kann nicht schaden.

Die Urlaubspause

Die Zeit der Ferien ist die gesellschaftlich erlaubte Zeit des Müßiggangs. Die Pause von der Arbeitswelt ist aber längst nicht mehr nur eine Zeit, um in der Sommerfrische die Seele baumeln zu lassen. Sie wird mehr und mehr zur verplanten Zeit, die der Arbeitswelt immer ähnlicher wird. Allerdings unter verkehrten Vorzeichen, nämlich denen des Freizeitstresses. Der Urlaub muss das alles erfüllen, was im mußelosen Alltag nicht möglich ist. Die Ferien verlieren mehr und mehr ihre Rolle als Zeit des großen Nichtstuns.

Das Praktische am Urlaub ist, dass er einem nicht nur die Kraft gibt, die Arbeit wieder aufzunehmen, sondern einen auch derart pleite macht, dass einem gar nichts anderes übrig bleibt.

Anonym

Die Zwangspause

Die Zwangspause, zu der unser Körper uns zwingt, heißt Krankheit. Sie ist ein Symptom dafür, dass der Körper Regeneration braucht, und das heißt vor allem Ruhe. Der Organismus zwingt den Menschen zum Nichtstun. Bettruhe gehört zu den wichtigsten und besten Heilmitteln bei Krankheiten. Es gibt aber noch viele andere Zwangspausen, die uns ereilen können: der Stau auf der Autobahn, die Schlange an der Kaufhauskasse, Verspätungen beim Reisen. Wer diese erzwungenen Pausen als Ruhepunkte begreift, als Aufforderung zum Entspannen und Nichtstun, zur Muße, der hat das wichtigste Mittel gegen Stress immer bei sich.

> Krankheiten sind Lehrjahre der Lebenskunst und der Gemütsbildung.
> Novalis

Raum Raum Raum Raum Raum Raum Raum

Raum

Raum

Raum

Raum

Raum

Raum

Raum

Raum

Raum

Raum

Raum

Raum

Raum

Raum

Raum

Raum

Raum

Raum

Raum Raum Raum Raum Raum Raum Raum

Raum Raum Raum Raum Raum Raum Raum
Raum
Raum
Raum
Raum
Raum
Raum
Raum
Raum
Raum
Raum
Raum
Raum
Raum
Raum
Raum
Raum
Raum
Raum
Raum
Raum Raum Raum Raum Raum Raum Raum

O süßes Nichtstun

O süßes Nichtstun, an der Liebsten Seite
zu ruhen auf des Bergs besonnter Kuppe;
bald abwärts zu des Städtchens Häusergruppe
den Blick zu senden, bald in ferne Weite!
O süßes Nichtstun, lieblich so gebannt,
zu atmen in den neu befreiten Düften;
sich locken lassen von den Frühlingslüften,
hinabzuziehn in das beglänzte Land;
rückkehren dann aus aller Wunderferne
in deiner Augen heimatliche Sterne.

THEODOR STORM

Inseln der Muße

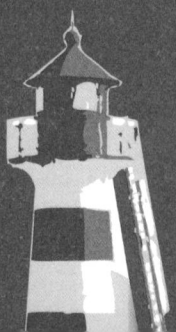

Der Strand

Zum Himmel blicken.
Mit den wandernden Wolken ziehen bis in ferne Länder.
Die Augen schließen und den Geschichten
des Meeres lauschen.
Die Wärme der Sonne auf der Haut spüren.
Sand durch die Finger rieseln lassen.
Das Gewicht des Körpers auf der Erde fühlen.
Still durch Raum und Zeit reisen.
Nichts denken und alles träumen.

Die Couch

Nirgends lässt sich besser auf der faulen Haut liegen
als auf ihr.
Auf dem Lotterbett des hellen Tages.
Auf der Ferieninsel der Mittagsstunde.
Die Couch ist die watteweiche Wolke des Tagtraumes.
Der gemütliche Glücksdrache der Phantasie.
Sie schluckt in ihren Polstern die Mühen des Tages.
Sie spendet Wärme und Geborgenheit.
Sie ist das gepolsterte Paradies auf Zeit.
Der Boulevard des ruhevollen Müßiggängers.

Das stille Örtchen

Auf der Bergtour, beim Waldspaziergang, am Meeresstrand – überall können uns Menschen begegnen.
Es gibt nur einen Ort, an dem wir ungestört allein sein dürfen: auf dem stillen Örtchen.
Wer dorthin muss, der darf gehen.
Was sein muss, muss sein.
Es ist das letzte Refugium fragloser Freiheit.
Es verwandelt Müssen in Muße.
Notwendigkeit in Freiheit.
Das Sitzen gilt es zu nützen.
Zur Muße.
Ob wir jetzt nun wirklich dringend müssen oder nicht.

Das Kaffeehaus

Es ist das El Dorado der Müßiggänger.
Das zweite Zuhause der Schriftsteller und Künstler.
In ihm ist man daheim und doch unter Menschen.
Es ist die Welt in einem Raum.
Eine Schule des genussvollen Schauens.
Der Ort, an dem die Blaue Stunde wohnt.
Und der ungezähmte Geist durch den Raum weht
wie Kaffeeduft.
Es ist ein Tempel der Muße und deshalb ein
Musentempel.

Theorie des Café Central

Das Café Central ist ein rechtes Asyl für Menschen, die die Zeit totschlagen müssen, um von ihr nicht totgeschlagen zu werden... Teilhaftig der eigentlichsten Reize dieses wunderlichen Kaffeehauses wird allein der, der dort nichts will als dort sein. Zwecklosigkeit heiligt den Aufenthalt... Es gibt Schreiber, die nirgendwo anders als im Café Central ihr Schreibpensum zu erledigen imstande sind, nur dort, nur an den Tischen des Müßiggangs, ist ihnen die Tafel der Arbeit gedeckt, nur dort, von Faulenzern umweht, wird ihrer Trägheit Befruchtung. Es gibt Schaffende, denen nur im Central nichts einfällt, überall anderswo weit weniger. Es gibt Dichter und andere Intellektuelle, denen nur im Café Central der verdienende Gedanke kommt [...]. Dieses rätselvolle Kaffeehaus beschwichtigt in den friedlosen Menschen, die es besuchen, etwas, das ich das kosmische Unbehagen nennen möchte. An dieser Stätte der lockeren Beziehungen lockert sich auch die Beziehung zu Gott und den Sternen, die Kreatur entschlüpft ihrem Zwangsverhältnis zum All in ein pflichtenloses, sinnliches Gegenseitigkeitsverhältnis zum Nichts, die Drohungen der Ewigkeit dringen nicht durch die Wände des Café Central, und zwischen diesen genießt du der holden Wurschtigkeit des Augenblicks.

Alfred Polgar

Mählich durchbrechende Sonne

Schönes,
grünes, weiches
Gras.

Drin
liege ich.

Inmitten goldgelber
Butterblumen!

Über mir … warm … der Himmel:
Ein
weites schütteres,
lichtwühlig, lichtblendig, lichtwogig
zitterndes
Weiß,
das mir die
Augen
langsam … ganz … langsam
schließt.

Wehende ... Luft ... kaum merklich
ein Duft, ein
zartes Summen.

Nun
bin ich fern
von jeder Welt,
ein sanftes Rot erfüllt mich ganz,
und
deutlich ... spüre ich ... wie die
Sonne
mir durchs Blut
rinnt.

Minutenlang.

Versunken
alles ... Nur noch
ich.

Selig!

Arno Holz

Wo die Seele baumeln darf

Bei allen Kulturen gilt die Natur als große Lehrmeisterin des „richtigen Lebens". Das Leben im „Einklang mit der Natur", im „Rhythmus der Natur" mag zwar eine romantische Sehnsucht im Gefolge von Rousseau bleiben, der am lautesten das „Zurück zur Natur" gefordert hat. Der Impuls zur Natur aber weist auf eine im Gedächtnis der Menschheit gespeicherte Erfahrung hin, die in der technisierten und immer stärker im Gegensatz zur Natur stehenden Welt verloren zu gehen droht: Der Mensch ist Teil der Natur, er unterliegt ihren Rhythmen: Tag und Nacht, Jahreszeiten, kosmischen Zyklen.

Die Natur ist die große Ruhe gegenüber unserer Beweglichkeit. Darum wird sie der Mensch immer mehr lieben, je feiner und beweglicher er werden wird. Sie gibt ihm die großen Züge, die weiten Perspektiven und zugleich das Bild einer, bei aller unermüdlichen Entwicklung, erhabenen Gelassenheit.

CHRISTIAN MORGENSTERN

Sich auf Dauer gegen diese bestimmende Natur zu wenden, muss scheitern. Denn die Natur hat in jedem Fall den längeren Atem. Sie denkt in Äonen. Der Mensch dagegen in Wochenenden und Urlaubszeiten, in Freizeitstunden und Kilometerzahlen. Für die Weisen in Ost und West ist die Natur ein Ort, an dem Körper und Geist Heilung erfahren können. In diesem Sinne ist die Natur ein großes Refugium für das Nichtstun und das Geschehen-Lassen. Fernab vom Lärm der Welt können wir Muße und Ruhe finden und uns als Teil eines großen Ganzen erleben. Wer zur Natur findet, findet im besten Fall auch zu sich selbst zurück, zu „seiner Natur".

Wenn du ausgekostet hast, was auszukosten war in Geschäft, Politik, Geselligkeit und so fort – du fandest, dass keines von diesen restlos befriedigt? Die Natur bleibt und ihre Kraft, aus dumpfer Verborgenheit hervorzulocken, was in Mann oder Weib an Verwandtem steckt mit freier Luft, mit Baum und Feld, mit dem Wechsel der Jahreszeiten – dem Sonnenschein bei Tage – dem Sternenhimmel bei Nacht.

Walt Whitman

Sommerfrische

Zupf dir ein Wölkchen aus dem Wolkenweiß,
das durch den sonnigen Himmel schreitet,
und schmücke den Hut, der dich begleitet,
mit einem grünen Reis.

Versteck dich faul in der Fülle der Gräser,
weil's wohltut, weil's frommt.
Und bist du ein Mundharmonikabläser
und hast eine bei dir, dann spiel, was dir kommt.

Und lass deine Melodien lenken
von dem freigegebenen Wolkengezupf.
Vergiss dich. Es soll dein Denken
nicht weiter reichen als ein Grashüpferhupf.

Joachim Ringelnatz

Anleitung zum Nichtstun

Es gehört zu den großen Wundern der Muße, dass sie sich der Objektivierung entzieht. Weil die Muße, das glückliche Nichtstun, etwas höchst Individuelles ist, gibt es keinen allgemeinen, für alle gültigen Begriff davon. Was für den einen schon Muße ist, bedeutet für den anderen noch Stress. Wovon sich die eine gelangweilt abwendet, gehört für die andere zu den höchsten Genüssen des Lebens. Deswegen kann jedes Brevier des Nichtstuns mit konkreten Handlungsanweisungen nie eine didaktische Anleitung zum Nichtstun sein, sondern allenfalls die Anstiftung zum Müßiggang. Eine stille, subversive Aufforderung, sich die Freiheit zum Sein zu nehmen. Die Form des glücklichen Nichtstuns aber muss jedes Individuum für sich selbst finden, denn die Muße ist so persönlich und privat wie die Gedanken, Phantasien und Träume. Die Gedanken sind ebenso frei wie die Träume und die Muße. Und diese Freiheit, eine der letzten in der modernen Gesellschaft, gilt es zu bewahren. Wenn Sie gerade mal wieder im Stress sind und glauben, gar keine Zeit zu haben, machen Sie einfach ein Experiment. Stellen Sie sich eine Stunde lang intensiv vor, Sie hätten alle Zeit der Welt. Gehen Sie alle Dinge einfach mit Ruhe und Gelassenheit an. Sie werden sich wundern, wie viel Sie in dieser Stunde schaffen und wie viel besser es Ihnen dabei geht, als wenn Sie unter Druck stehen. Das ist das Geheimnis des lateinischen Sprichworts „festina lente" – Eile mit Weile.

Pflegen und hegen Sie
die Kunst des Nichtstuns und des Müßiggangs.
Nur wer sich ständig darin versucht,
wird darin die Meisterschaft erwerben.

Machen Sie eine Liste mit Dingen,
die Sie glauben unbedingt tun zu müssen.
Dann streichen Sie nacheinander alles,
was Ihnen nicht wirklich wichtig ist.

Planen Sie bewusst
Ihre Pausen zum Nichtstun im Tagesablauf ein.

Machen Sie sich jeden Tag eine Freude
und besuchen Sie sich selbst.
Vorausgesetzt, bei Ihnen ist jemand zu Hause.

Legen Sie zu Fuß einen Kilometer
in zwei Stunden zurück – als Schnecke
werden Sie erstaunliche Entdeckungen machen.

Lachen Sie jeden Tag ein paar Minuten.
Das ist so entspannend wie zwanzig Minuten Meditation.

Atmen Sie zehn Minuten bewusst ein und aus –
in der Tiefenatmung.
Sie werden spüren,
wie Ihr Körper und Ihr Geist sich beruhigen.

Nehmen Sie sich jeden Tag fünf Minuten
nur für sich Zeit.
Tun Sie in dieser Zeit nichts.
Rein gar nichts.

Spielen Sie mit Kindern,
lernen Sie dabei neue Welten kennen
und erinnern Sie sich an Ihre eigene Entdeckung der Welt.

Gehen Sie angeln.
Lernen Sie warten, ohne etwas zu tun.

Denken Sie darüber nach,
wobei Ihnen der Kuss der Muße am süßesten schmeckt.

Machen Sie sich Ihre eigene Liste,
auf welchem Weg Sie am leichtesten und schnellsten
zum Nichtstun gelangen.

Lernen Sie, Löcher in die Luft zu gucken.

Blicken Sie einen Tag lang nicht auf die Uhr,
nur auf den Himmel.

Nehmen Sie einen Umweg, um ans Ziel zu gelangen.

Leben Sie eine Woche ohne Terminkalender.

Gehen Sie jeden Tag spazieren ohne ein Ziel.
Machen Sie sich mit Entspannungstechniken
wie autogenem Training oder Yoga vertraut.

Meditieren Sie regelmäßig.

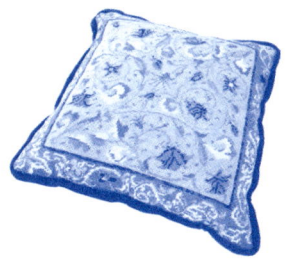

Gönnen Sie sich ab und zu ein kurzes Nickerchen. Nehmen Sie dazu einen Schlüsselbund in die Hand und legen Sie sich auf ein Sofa. Die Hand mit dem Schlüssel lassen Sie locker herabhängen – darunter ein Porzellanteller. Wenn der Körper vollständig entspannt ist – das dauert meist nur wenige Minuten –, lässt die Hand den Schlüsselbund fallen. Das Klirren der Schlüssel auf dem Porzellanteller weckt Sie und Sie erwachen erfrischt mit neuen Kräften.

Man muss sich
 ein bestimmtes Quantum Zeit gönnen,
    wo man nichts tut,
       damit einem etwas einfällt.

MORTIMER J. ADLER

Sternstunden des
Müßiggangs

In der Ruhe liegt die Kraft, heißt es. Kein Wunder, dass große Geister erst in Ruhe und Muße ihre epochalen Entdeckungen machten. Im Müßiggang wohnen nämlich Kräfte, von deren Gewalt sich die Workaholics kaum eine Vorstellung machen. Warum sich Entdeckungen und Ideen, warum sich der göttliche Funke ausgerechnet beim Nichtstun einstellen, lässt sich leicht erklären. Ist das Gehirn angespannt und steht es unter Stress, dann greift es vornehmlich auf bewährte, eingefahrene logische Muster zurück. Im Ruhezustand ist es dagegen eher in der Lage, bewährte Verknüpfungen zu lösen und neue Verbindungen einzugehen. Und genau das ist notwendig, um neue Entdeckungen zu machen.

Begeben wir uns zunächst gut zwei Jahrhunderte vor Christi Geburt nach Syrakus, in die Stadt des Tyrannen Hieron. Archimedes, der geniale Forscher, liegt gerade in der Badewanne. Seine Gedanken treiben dahin, streifen dieses und jenes und lösen sich auf in schwereloses Nichts. Leicht im Wasser liegend, hat er völlig vergessen, dass ihn Hieron einige Tage zuvor zu sich gerufen hat.

Der Herrscher wollte von Archimedes wissen, ob die Krone, die er von einem Goldschmied hatte anfertigen lassen, auch bis zum letzten Gramm all das Gold enthielte, das er ihm dafür gegeben hatte. Hieron argwöhnte nämlich, dass der Handwerker einen Teil für sich abgezweigt und durch Silberbeimengung ersetzt hatte. Archimedes besah sich das Geschmeide, konnte Hierons Frage jedoch nicht beantworten.

Es war unmöglich, ein so filigranes Kunstwerk mit Zirkel und Lineal exakt zu vermessen, um seinen Volumeninhalt zu bestimmen. Und auf eine andere Weise konnte niemand sagen, wie viel Gold und wie viel Silber vermengt wurden.

Als Archimedes aber aus der Wanne steigt, fällt sein Blick auf eine dünne Linie, die nach Absenkung des Wasserspiegels von den Rückständen der wohlriechenden Essenzen seines Bades knapp unter dem Rand der Wanne gezeichnet worden ist. Archimedes stutzt. Nachdenklich blickt er auf den feinen Strich. Mit einem unmerklichen Kopfschütteln steigt er zurück in die Wanne und beobachtet, wie der Wasserspiegel, während er langsam eintaucht, wieder bis zu jenem Strich ansteigt.

Da kommt ihm blitzartig der Gedanke: Wir brauchen nur abzulesen, welche Menge an Wasser durch die Krone verdrängt wird, dann kennen wir ihren Volumeninhalt. Füllen wir ihn in reinem Gold auf und ist dessen Gewicht höher als das des Geschmeides, enthält es Silber. Gold und Silber haben nämlich ein unterschiedliches spezifisches Gewicht, Gold 19,3 und Silber 10,5 g pro Kubikzentimeter.

Archimedes musste also erst der Muße frönen und ein Bad nehmen, um das Geheimnis zu lüften. Das Problem war gelöst und die Welt wusste, wie man den Volumeninhalt unregelmäßiger Körper bestimmen konnte. Hätte sich Archimedes nicht dem süßen Nichtstun im Bad hingegeben, wer weiß, ob Hieron je Aufschluss über die wahren metallischen Bestandteile seiner Krone erhalten hätte.

Zweitausend Jahre später zog August Kekulé von Stradonitz es vor, statt zu arbeiten in seinem Ohrensessel am Kaminfeuer zu sitzen und ein kleines Nickerchen zu machen. Während der Chemiker so vor sich hindöste, tanzte ihm schattenhaft eine Schlange vor den zugefallenen Augen. Das Tier krümmte sich und biss sich, einen Ring formend, in den Schwanz. Kekulé schreckte hoch. Schlagartig war ihm klar, dass sie ihm die Struktur des Benzols entschlüsselt hatte. Bisher hatte man angenommen, organische Verbindungen bildeten ausschließlich offene Ketten, doch nun zeigte ihm das Tier, dass sie auch in der Lage waren, geschlossene Ringe zu formen. Eine Entdeckung, der er in seinem Laboratorium bisher vergeblich nachgejagt war. Nun hatte sie ihn im Nichtstun eingeholt.

Ein Müßiggänger ist der Mensch der Zukunft. Betreibt der Müßiggänger künftig Müßiggang, so wird es zu einer Revolution kommen, die auf wunderbare Weise Errungenschaften hervorbringt, von denen heute niemand zu träumen wagt.

Günter Bruno Fuchs

Bei der Muße soll nicht etwa träges Nichtstun locken,

sondern das Erforschen und Auffinden der Wahrheit.

AUGUSTINUS

Muße zum Denken – das Staunen der Philosophie

Die Philosophie, so heißt es, ist aus dem Staunen entstanden. Wer viel beschäftigt ist, kommt aber gar nicht zum Staunen. Sein Geist ist konzentriert auf die Erfüllung der vorgenommenen Aufgabe. Staunen braucht Raum und Zeit. Die Geburt der Philosophie konnte nur in einer Gesellschaft erfolgen, in der die Muße einen hohen Stellenwert hatte wie im alten Griechenland. Sokrates war nichts anderes als ein besonders raffinierter Müßiggänger. Sein Beruf war eigentlich die Bildhauerei, doch mit der harten Erwerbsarbeit konnte er sich offensichtlich nicht anfreunden. Jedenfalls findet man kein einziges Zeugnis, dass er seiner eigentlichen Profession nachgegangen wäre, und wenn er je etwas aus Stein produziert haben sollte, so ist davon keine Spur übrig geblieben.

Wie anders dagegen die Produktionen seines Müßiggangs, seiner Tagträumereien, seiner Gedankenflüge. Obwohl nur fragile Gespinste feinster Dialektik, waren sie in der Lage, über Tausende von Jahren bis heute die Menschen zu inspirieren. Dabei hat er selbst gar nichts zu Papier gebracht. Er machte sich einfach nicht die Mühe, zur Feder zu greifen, sondern ließ alles von seinem Schüler Plato für die Nachwelt festhalten. Die Zeit, die er aufs Schreiben hätte verwenden können, verwandte er darauf, durch die Straßen zu schlendern, auf der Suche nach einem Jüngling, mit dem er über Gott und die Welt plaudern konnte.

Wenn er heutzutage lebte, würde man ihm vielleicht in irgendeinem Café beim Klatsch mit anderen Müßiggängern, mit seinesgleichen, begegnen. Der Geist weht eben, wo er will, und wo hektische Betriebsamkeit herrscht, da wird seine wohltuende Brise gar nicht erst wahrgenommen. Unbemerkt streicht er vorüber und sucht sich aufnahmebereite Geister und Seelen, die das Staunen noch nicht verlernt haben.

Muße? Das ist das Gegenteil von Nichts-tun. Es ist gesteigerte Empfänglich-keit, ein Tun, das nicht aus dem Zwang der Not kommt, nicht aus der Gier nach Ge-winn, nicht aus dem Gebot oder der Pflicht, sondern allein aus Lust der Liebe und der Freiheit. Es ist die anspruchsvollste aller Beschäftigungen, weil sie aus dem Kern unseres Wesens hervorgeht und aus der Freude am Schaffen selbst getan wird. Es ist vor allem die unverwelkliche Fähigkeit zum Staunen und zum Ergriffensein.

CHRISTOPH WILHELM HUFELAND

Das Ziel der Arbeit ist die Muße,
        die Muße aber ist die Schwester der Freiheit.

ARISTOTELES

Die Vertreibung
aus dem Paradies
des Nichtstuns

Verflucht sei der Acker um deinetwillen, mit Kummer sollst du dich darauf nähren dein Leben lang. Dornen und Disteln soll er dir tragen und du sollst das Kraut auf dem Felde essen. Im Schweiße deines Angesichts sollst du dein Brot essen, bis dass du wieder zu Erde werdest, davon du genommen bist. [...] Da wies ihn Gott der Herr aus dem Garten Eden, dass er das Feld baue, davon er genommen ist.

1. Buch Mose 3, 17 ff.

Und so kam die Arbeit in die Welt. Schluss war es mit dem paradiesischen Müßiggang der Vorzeit. Adam und Eva waren aus der Nähe Gottes vertrieben und mussten fortan mühselig für ihren Lebensunterhalt arbeiten. Das Alte Testament der jüdisch-christlichen Religion erzählt von der Arbeit als einer von Gott erzwungenen Mühsal für die Unbotmäßigkeit des Menschen, dem Ewigen ebenbürtig sein zu wollen. Von dieser Sichtweise ist das Abendland geprägt. Die Muße wird zwar nicht prinzipiell abgelehnt, aber sie bleibt immer die Ausnahme. Im Zentrum des Daseins steht die Arbeit. Nicht zuletzt damit der Mensch nicht auf „dumme Gedanken" kommt, also sündigt. Erlaubt und erwünscht ist die Muße in erster Linie für die innere Schau, die Sammlung, das Gebet.

Die Arbeit ist in allen Hochkulturen als Fluch empfunden worden. So gibt es einen griechischen Mythos, der dem christlichen Verlust des Paradieses entspricht: Es ist die Geschichte der Pandora. Um die Menschheit für den Raub des Feuers durch Prometheus zu strafen, sandte Zeus die verführerische Pandora. Aus ihrer Büchse kamen alle Übel über die Menschen, darunter die Krankheiten und vor allem die beschwerliche Arbeit. In der griechischen Philosophie wird die Arbeit als Herabwürdigung des freien Mannes verachtet. Der Zustand der Muße dagegen gilt als ein Zustand, der den Menschen den Göttern näher bringt und zugleich den Menschen adelt. Gewiss kannte das griechische Altertum auch edle Tätigkeiten, die nicht der Not und dem Zwang der unmittelbaren Existenzsicherung gehorchten, aber darunter fielen keine Sklaven- oder Lohnarbeiten.

Ich vermag nicht zu sagen, ob die Griechen die Verachtung, mit der sie auf die Arbeit blicken, von den Ägyptern haben, weil ich dieselbe Verachtung bei den Thrakern, den Skythen, den Persern und den Lydern verbreitet finde; mit einem Worte, weil bei den meisten Barbaren diejenigen, welche die Handwerke erlernen, und selbst deren Nachfahren in geringerer Achtung stehen als die übrigen Bürger …; alle Griechen werden in diesen Grundsätzen erzogen.

HERODOT

Das lateinische *laborare* bedeutet sowohl arbeiten, genauer: „unter einer schweren Last schwanken", als auch leiden. Mit dem Ausdruck *otium* bezeichneten die Römer das Nichtstun – im Gegensatz zum *negotium*, der Arbeit und der Mühe. Für die Römer war die Muße primär und die Arbeit lediglich die Verneinung dieses Zustands, das *neg-otium*. Arbeit wird so als Unterbrechung der Ruhe angesehen und nicht die Ruhe als Unterbrechung der Arbeit – so wie heute. Die Tätigkeit der freien Männer Roms galt nicht als Arbeit, sondern als Ehrenamt, deswegen erhielten sie dafür keinen Lohn, sondern eine Ehrengabe, ein *honorarium*, von dem unser Honorar abgeleitet ist.

Von allen Beschäftigungen – negotia – ist nur eine des Römers würdig: die politische Tätigkeit; jede andere Tätigkeit ist daher otium und hat nur insoweit Berechtigung, als sie zur Entspannung und Sammlung neuer Kräfte dient oder durch außergewöhnliche Verhältnisse erzwungen ist; aber auch dann darf das otium nicht zur Trägheit werden, sondern muss einen Eigenwert haben, der in der Förderung der Gemeinschaft liegt.

Cicero

Arbeit ist des Bürgers Zierde,
Segen ist der Mühe Preis.

FRIEDRICH VON SCHILLER

Mühe oder Mühsal bedeutet auch das mittelhochdeutsche *arebeit*, von dem sich unser Wort Arbeit herleitet. Die Welt wird im christlichen Verständnis als irdisches Jammertal gesehen, das es eben mit viel Mühsal und Plackerei zu durchschreiten gilt auf dem Weg zum ewigen Leben. Die beschwerliche irdische Existenz wurde als gerechte Strafe gesehen für die Anmaßung des Menschen, Gott ebenbürtig sein zu wollen. Dennoch kommt auch die Muße zu ihrem Recht, allerdings nur in Maßen. Gott selbst hat am siebten Tag der Schöpfung geruht. Doch den Müßiggang zu adeln und aus der Muße eine Kunst zu machen, das ist ein Erbe der Hellenen, die die Schau des Schönen, Guten und Wahren in den Mittelpunkt ihrer Vorstellungen setzten. Erst in diesem Verständnis wird die Muße zu einem Wert an sich, durch den der Mensch in den Stand gesetzt wird, die Freiheit seiner Existenz zu erleben und zu sich selbst zu finden.

Über die Muße

Die meisten Staaten mit ausschließlich kriegerischer Richtung bleiben, solange sie Krieg führen, wohlbehalten, gehen aber nach Erlangung der Herrschaft zugrunde. Denn sie verlieren, wenn sie Frieden haben, dem Eisen gleich ihre Schneide, und daran ist der Gesetzgeber schuld, der sie nicht zu der Fähigkeit erzogen hat, edle Muße zu pflegen ... Und so leuchtet denn ein, dass man auch für den würdigen Genuss der Muße erzogen werden und manches lernen muss und dass diese Seite der Erziehung und des Unterrichts ihrer selbst wegen da ist, während das, was für die Arbeit gelernt wird, der Notdurft dient und Mittel zum Zweck ist ... Denn die Muße ist der Angelpunkt, um den sich alles dreht. Wenn auch beides sein muss, so ist doch das Leben in Muße dem Leben der Arbeit vorzuziehen, und das ist die Hauptfrage, mit welcher Art Tätigkeit man die Muße auszufüllen hat. Die Muße scheint Lust, wahres Glück und seliges Leben in sich selbst zu tragen.

Aristoteles

Die Zeit vergeht nicht
schneller als früher,

aber wir laufen eiliger an
ihr vorbei.

GEORGE ORWELL

Fabrikordnung
der Maschinenbau-Anstalt
und Eisengießerei der Seehandlung
in Moabit von 1844

Die regelmäßige Arbeitszeit beginnt zu jeder Jahreszeit präzise um 6 Uhr morgens, dauert mit Ausnahme der üblichen Frühstückszeit von einer halben Stunde, der Mittagszeit von einer ganzen und der Vesperzeit von wiederum einer halben Stunde ununterbrochen bis 7 Uhr abends und muss strenge eingehalten werden. Fünf Minuten vor dem Beginn der vorgedachten Arbeitszeiten bis zu der vollen Zeit wird durch das Läuten der Glocke angedeutet, dass sich jeder in den Werkstätten der Anstalt beschäftigte Arbeiter an seinen Platz zu begeben habe, um gleich nach dem Schlusse des Läutens seine Arbeit beginnen zu können. Punkt 6 Uhr, 8 Uhr, 1 Uhr & 4 Uhr wird von dem Portier die Tür verschlossen. Wer 2 Minuten zu spät kommt, verliert den Lohn einer halben Stunde; wer über 2 Minuten zu spät kommt, darf nicht eher als bei dem Beginne der nächsten Arbeitszeit zu arbeiten anfangen, wenigstens wird ihm für diese ganze Zeit der Lohn abgezogen. Um alle Streitigkeiten im Hinblick auf die Zeit zu steuern, wird eine über dem Hause des Portiers angebrachte Uhr den Ausschlag geben. Diese Anordnungen gelten sowohl für die im Wochenlohn als für die Accord Arbeitenden, und in Übertretungsfällen wird jeder nach Verhältnis seines Lohnes Abzug erleiden. Der Abzug wird nach den Angaben des dazu verpflichteten Portiers in den Lohnlisten vermerkt werden; ein jeder hat sich darin zu fügen, da man sich auf Gegenvorstellungen nicht weiter einlassen kann.

Die Arbeitswut
der Neuzeit

Zum Beginn der Neuzeit setzt mit der Reformation eine Umdeutung der Arbeit ein – weg von der Fron, die erlitten werden muss, hin zur irdischen Tugend, die mit Freuden angenommen wird. Kaum wähnen sich die Gläubigen dem katholischen Kontrollsystem der Gewissensbeichte entronnen, umwölben die Protestanten die Arbeit mit einer religiösen Gloriole. Vielleicht, um so den Schäfchen keine Zeit für dumme Gedanken, also die Sünde, zu lassen? Als Lehrmeister der neuen Arbeitsethik erweisen sich besonders die Calvinisten: Sie verklären die Arbeit zu einer gottgefälligen Tätigkeit, was zwar deren drückende Last nicht vermindert, den Menschen aber glauben macht, dass es überhaupt keine Last sei, sondern eine Lust. Denn erst die Arbeit und die durch sie errichteten Werke ebneten den Weg ins Paradies.

Denn Gott will keine faulen Müßiggänger haben, sondern man soll treulich und fleißig arbeiten, ein jeglicher nach seinem Beruf und Amt, so will Er den Segen und das Gedeihen dazu geben. Der Mensch ist zur Arbeit geboren wie der Vogel zum Fliegen. Müßiggang ist Sünde wider Gottes Gebot, der hier Arbeit befohlen hat.

Martin Luther

Der Paulus zugeschriebene Satz: „Wer nicht arbeitet, soll auch nicht essen" wird nun zum Leitspruch. Das neue, von der protestantischen Kanzel herab verkündete Credo lautet: Ich arbeite, also bin ich. Mit diesem Schlachtruf beginnt der Siegeszug der Arbeit, ja, der Kreuzzug der Arbeitswut. Zeitvergeudung und Müßiggang gelten fortan als die schlimmsten und schwersten aller Sünden.

Für mein Gefühl gibt es nichts Abscheulicheres als ein müßiges Leben. Meines Erachtens kann ein Mann gar nicht anders, als ständig bei der Arbeit sein. Bei Tage müsste er an sie denken und nachts von ihr träumen. Es ist etwas Großes um unser Tagewerk — etwas ganz Großes! Die Arbeit ist der Eckstein, auf dem die Welt ruht, sie ist die Wurzel unserer Selbstachtung. Für mein Gefühl gibt es nichts Abscheulicheres als ein müßiges Leben. Keiner von uns hat ein Recht darauf. Die Zivilisation hat keinen Platz für Müßiggänger.

HENRY FORD

Seither steht die Muße in einem denkbar schlechten Ruf. Sie ist der verwerfliche Versuch, sich wieder in die Zeit der Unschuld zu mogeln, und der Müßiggang gilt als sündiges Unterfangen, sich wieder ins Paradies zu schwindeln, ohne es durch den Schweiß im Angesicht verdient zu haben. Die von dem Gedanken der gottgefälligen Emsigkeit erfüllten Puritaner verschaffen diesem Glaubenssatz in England Verbreitung und bringen ihn mit ihren Schiffen in die Neue Welt. Und das haben wir nun davon. Denn von dort aus tritt er seine Reise rund um den Globus an und bestimmt bis heute den Lauf der Welt.

Wer nicht arbeitet, darf wohl essen, wenn ich ihm etwas zu essen schenken will, aber er hat keinen rechtskräftigen Anspruch aufs Essen. Er darf keines andern Kräfte für sich verwenden; ist keiner so gut, es freiwillig für ihn zu tun, so wird er seine eigenen Kräfte anwenden müssen, um sich etwas auszusuchen oder zuzubereiten, oder Hungers sterben, und das von Rechts wegen.

JOHANN GOTTLOB FICHTE

Das protestantische Arbeitsethos ist die Triebfeder des kapitalistischen Fortschritts, der Industrialisierung und Technisierung der Welt. Müßiggang darf darin nicht mehr vorkommen. Er wäre der Sand im unausgesetzten Getriebe und der unermüdlichen Betriebsamkeit, die den Menschen nicht zum Nachdenken und zur Muße kommen lassen. Das *time is money* – das „Zeit ist Geld" des Kapitalismus – erteilt der Muße und dem Müßiggang eine eindeutige Absage, denn es bemisst die Zeit nach ihrem Preis und nicht nach ihrem Wert.

Der Mensch überwindet Hindernisse,
um endlich Ruhe zu haben,
und findet dann nichts so unerträglich wie die Ruhe.
HENRY BROOKS ADAMS

Ich glaube, dass auf der Welt
viel zu viel gearbeitet wird
und dass unermesslicher
Schaden hervorgerufen wird
durch die Überzeugung,
Arbeit sei etwas Heiliges und
Tugendhaftes.

BERTRAND RUSSELL

Du weißt nicht mehr, wie Blumen duften,
kennst nur die Arbeit und das Schuften –
... so gehn sie hin, die schönsten Jahre,
am Ende liegst du auf der Bahre
und hinter dir, da grinst der Tod:
Kaputtgerackert – Vollidiot!

JOACHIM RINGELNATZ

Dem **Glücklichen** <small>schlägt</small>
keine Stunde

Die mechanische Uhr, wie wir sie heute kennen, soll vor rund 1.000 Jahren von Mönchen erfunden worden sein. Um die Gebetszeiten besser einzuhalten und nicht zu verschlafen. Wasseruhren froren im Winter ein, Kerzenuhren brannten ab und mit ihnen dann das ganze Kloster. Die Erfindung der mechanischen Messung der Zeit hat das Zeitverständnis und das Zeitgefühl völlig verändert. Vorher wurde die Zeit mit Ereignissen und Gefühlen verbunden und nicht Zeitpunkte, sondern Zeiträume wahrgenommen: die Dämmerung, die Mittagszeit, die Blaue Stunde. Mit der mechanischen Messung der Zeit wurde sie zu einem Phänomen von Quantität und die ihr innewohnende Qualität trat in den Hintergrund. Seither wird die Zeit in immer kleinere Einheiten zerlegt, sie scheint immer weniger zu werden, dagegen nehmen Hetze und Hast zu. Es gibt Spezialkliniken für Menschen mit dem Burn-out-Syndrom, rund 80.000 Menschen sterben in Deutschland pro Jahr an Herzinfarkt und in Japan gibt es einen eigenen Begriff für den „Tod durch Überarbeiten". Die Zeit wird nicht nur gestundet, sie wird ge-minutet, ge-sekundet. Dem Glücklichen aber, so heißt es, schlägt keine Stunde. Er hat Zeit und Muße. Die Zeit ist für ihn keine quantitative, sondern eine qualitative Größe. Sie wird nicht gemessen, sondern in der erlebten Intensität erfahren.

Überall entstehen Initiativen zur Rettung der Muße. An der österreichischen Universität in Klagenfurt wurde ein „Verein zur Verzögerung der Zeit" gegründet. Die aus Italien kommende „Slow Food"-Bewegung fordert Zeit und Ruhe bei der Ernährung – vom Wachstum und der Produktion der Nahrungsmittel bis zur langsamen Zubereitung und zum genussvollen Verzehr. In Bremen wurde der Verein „Otium" ins Leben gerufen, der sich der Kunst des Müßiggangs verschrieben hat. In Berlin gibt es eine Gruppe, die sich „Glückliche Arbeitslose" nennt und die für ihr „Recht auf Faulheit" kämpft. Sie hat so großen Zulauf, dass sie in einer eigenen Zeitung mit dem Namen „Müßiggangster" über ihre Ideen informiert. Zeit zu haben wird zunehmend zu einem Privileg in einer Gesellschaft der knappen Zeit, die sich über rastlose Arbeit und Tätigkeit definiert. Wer es sich darüber hinaus leisten kann, nichts zu tun in seiner freien Zeit, der führt ein Leben in Luxus.

Mein Tag ist wie ein Schweizer Käse aufgebaut, und die Löcher darin sind die Zeit, die ich selbst ausfüllen und in der ich mal nichts tun kann. Das wünsche ich jedem, schon weil wir nicht nach der Uhr geplant sind. Der Mensch hat einen Rhythmus, die Uhr schlägt im Takt.

KARLHEINZ GEISSLER, ZEITFORSCHER

Ich bin der Meinung,
ein wirkliches Glück ohne
Müßiggang ist unmöglich.

Anton Tschechow

Die Ruhe ist eine liebenswürdige Frau
und wohnt in der Nähe der Weisheit.

<small>Epicharm</small>

Am siebten Tage sollst du ruhen –

Warum auch die Schöpfung
Muße braucht

Gott sah alles, was er gemacht hatte, und fürwahr, es war sehr gut. ... Gott vollendete am siebten Tag sein Werk, das er verrichtet hatte, und ruhte am siebten Tag von all seinem Werk, das er vollbracht hatte. Und Gott segnete den siebten Tag und heiligte ihn.

So berichtet das erste Buch Mose der Bibel, die Genesis, von der Erschaffung der Welt. Ein ganzer Tag der Muße nach sechs Tagen harter Arbeit wird also in der Bibel von Anfang an dem Schöpfungsplan Gottes zugerechnet. Und in den großen Religionen, die sich auf das Alte Testament als heiliges Buch der Schöpfung berufen, wird bis heute ein Tag der Woche als Ruhetag gehalten, als ein Tag, der Gott geweiht und daher heilig ist. Bei den Juden ist es der Sabbat und bei den Christen der Sonntag. Im Islam, der sich auf die 35 biblischen Ahnväter seit Abraham beruft, ist der Freitag der Tag frommer Muße. Der Sinn des Tages, der dem „Gottesdienst" geweiht ist, besteht in seiner Freiheit von äußeren, von irdischen Zwecken. Solcherart zweckfrei, soll der Mensch zu sich selbst kommen. Er soll innehalten im geschäftigen Treiben der Welt.

Dabei ist es seine Aufgabe, Rechenschaft abzulegen über Ziele und Sinn seines Daseins, um erst dann wieder zu den Geschäften des Alltags zurückzukehren. Religiöse Vorschriften zur Wahrung von festgesetzten Zeiten der Ruhe und Muße, die innere Erfahrungen solcherart ermöglichen, finden sich in allen Religionen wieder. Und sie korrespondieren mit den Vorschriften zur Einhaltung der Ruhezeiten der Natur, wie sie von den alten Naturreligionen überliefert sind.

Für die Spanne eines Atemzugs die geschäftigen Hände zur Ruhe zu bringen, die Menschen, die wie gebannt fernen Zielen zustreben, für einen Moment auf die Formen und Farben ringsum, auf den Sonnenschein und die Schatten aufmerksam zu machen, sodass sie innehalten zu einem Blick, einem Seufzer oder einem Lächeln – dies ist die Absicht, schwierig und schnell verlöschend, die zu erreichen nur sehr wenigen vergönnt ist. Manchmal aber, wenn einer Glück hat und sich dessen würdig erweist, wird sogar diese Aufgabe erfüllt. Und wenn sie erfüllt wird, dann – siehe da! – finden wir alle Wahrheit dieses Lebens: ein Augenblick der klaren Sicht, ein Seufzer, ein Lächeln – und die Rückkehr in die ewige Ruhe.

JOSEPH CONRAD

Bis heute kennt man bei den Bauern die Regeln über Brach-zeiten, in denen Felder nicht bearbeitet, sondern sich selbst zur Regeneration überlassen werden. Die Einhaltung der uralten religiösen Vorschriften der periodischen Ruhe und Muße für Mensch und Natur scheinen allerdings im Zuge des technischen und wissenschaftlichen Fortschritts mehr und mehr in Vergessenheit zu geraten. An ihre Stelle tritt die schier pausenlose Nutzung der Natur und die ruhelose Verfügbarkeit des Menschen. Der Sonntag als Tag der Ruhe ist längst nur noch für fromme Christen verbindlich – er wird eher als Tag verplanbarer Freizeit verstanden. Eine ganze Industrie widmet sich der vorgefertigten Ausfüllung der freien Zeit, die einst als Mußestunden gedacht war. Für Heerscharen dienstbarer Geister ist in der Dienstleistungs-gesellschaft der Sonntag längst zum normalen Arbeitstag geworden.

Auch die Natur hat alle Mühe, sich an die Beschleuni-gung der ruhelosen Welt anzupassen: Die Bodenschätze werden immer rascher ausgebeutet, die Böden werden immer intensiver ausgelaugt, die Regenwälder abgeholzt und die Meere leer gefischt. Natur bleibt nur noch in den geschützten Parks einigermaßen sich selbst überlassen. Selbst die unwirtlichen Regionen wie Wüsten oder das ewige Eis der Polkappen werden auf ihre Nutzung hin betrachtet.

Überall kommt die Regeneration zu kurz und vor den Folgen warnen die Wissenschaftler nicht erst seit der großen Studie des Club of Rome aus den siebziger Jahren des 20. Jahrhunderts. Dabei wäre das Rezept so einfach: Entschleunigung der Welt, Besinnung, Muße. Damit sich Gott – in einer Mußestunde – nicht mal auf den göttlichen Diwan legt, in seiner Heiligen Schrift schmökert und auf die Idee kommt, das Skript der Welt ein wenig umzuschreiben:

„Gott sah alles, was er gemacht hatte, und fürwahr, es war sehr gut – nur dass er den Menschen in die Welt gesetzt hatte, gefiel ihm nun gar nicht mehr. Denn der Mensch zerstörte in rastloser Eile seine ganze schöne Schöpfung. Höchste Zeit, sich mal wieder um ihn zu kümmern und ihn zur Raison zu rufen. Aber mit einer Sintflut, das war ihm klar, war es diesmal nicht getan. Diesmal musste es etwas sein, das ihm ein für alle Mal die Ehrfurcht vor der Schöpfung einbläuen sollte. Mal sehen, was ihm da einfallen wird…"

Der Himmel tut nichts;
dieses Nichts-Tun ist Würde;
die Erde tut nichts;
dieses Nichts-Tun ist Ruhe;
aus der Vereinigung dieser
beiden Nichts-Tun beginnt
alles Handeln und alle Dinge
entstehen.

Dschuang Dsi

Und ich weiß
von keiner anderen Möglichkeit,
wahrhaft glücklich zu sein,
ganz unbedrängt und sorglos,
wie dieser:

einfach irgendwo zu liegen,
zu horchen und zu schauen,
auf der Hald
unter hochstämmigen Lärchen,
im Gras an einem sauberen Bach
oder im Schatten eines Zaunes.

Karl Heinrich Waggerl

Nichtstun
ist gesund

Einfach mal auszuspannen ist nicht nur ein Genuss, sondern sogar ein Muss, wenn man die Erkenntnisse der Wissenschaft betrachtet. Die moderne Medizin bestätigt alte religiöse und philosophische Einsichten, indem sie die Entspannungsphasen für die Gesundheit des Menschen als unerlässlich bezeichnet. Eine gehörige Portion Faulheit stärkt das Immunsystem des Körpers, indem sie hilft, die gefährlichen Stresshormone abzubauen. Etwa die Hälfte der freien Zeit sollte der Mensch daher einfach nichts tun, herumtrödeln oder schlicht auf der faulen Haut liegen. Der Körper selbst sendet die Signale aus, wenn er eine Pause braucht, zum Beispiel in dem Wunsch, sich zu dehnen und zu strecken, zu gähnen oder die Augen zu schließen. Die Erholung ist als biologisches Programm bei allen Lebewesen immanent angelegt. Träge Tiere haben nach wissenschaftlichen Untersuchungen eine höhere Lebenserwartung als bewegungsintensive Kreaturen. Es ist die Fähigkeit zur Faulheit, die ihr Leben verlängert. Besonders alt sollen Tiere werden, die mit ihrer Energie sparsam umgehen. Viel Schlaf und zeitweise völlige Inaktivität werden mit einem langen Leben belohnt.

Bei Tieren läuft das Erholungsprogramm intuitiv ab, der moderne Mensch aber muss sein Erholungsprogramm bewusst planen. Denn er hat sich durch die Technisierung der Welt weit von den biologischen Anforderungen entfernt. Die Nacht wird zum Tage, die Ermüdung durch Drogen und Aufputschmittel wie Kaffee bekämpft, Erholungssignale des Körpers werden durch die Flut an Ablenkungen nicht mehr wahrgenommen. Deshalb ist es auch im Sinne der eigenen Gesundheit und des eigenen Wohlbefindens kein schlechter Gedanke am Beginn des 21. Jahrhunderts, sein Nichtstun im Tagesablauf einzuplanen und das Einhalten von freien Zeiten zu trainieren. Bevor der Körper sich seine Pause einfach nimmt – indem er krank wird.

Wenn du dein ganzes Leben lang einsammelst,
wann willst du das Gesammelte genießen?
Aus 1001 Nacht

Sage nicht: Wenn ich Zeit dazu habe. Vielleicht hast du nie Zeit dazu. Wenn nicht jetzt – wann dann?

Aus dem Talmud

Wer die ganze Nacht schläft,

hat am Tage Anspruch auf
ein wenig Ruhe.

KUBANISCHES SPRICHWORT

Typologie der Nichtstuer

Die Flaneure

Aussterbende Spezies der großstädtischen Bohemiens, die ihre Tage mit dem Bummel über die breiten Boulevards und engen Gassen verbringen, ständig bereit, Neues, Überraschendes zu entdecken und aufzunehmen. Immer gut angezogen, auch wenn sie mal schlecht angezogen sein sollten, und immer mit den besten Manieren, auch wenn sie mal über die Stränge schlagen, was vorkommen kann. Haben es prinzipiell nicht eilig und sind immer für ein Schwätzchen zu haben. Als „Strawanzer" und „Tachenierer" wurden die pathologischen Formen im alten Österreich bezeichnet.

Die Blaumacher

Sie gehören zur Sippe der Moment-Müßiggänger. Sie werden immer wieder mal ganz plötzlich überwältigt vom Gefühl, schnell und dringend ein großes Stück von der Lebens-Lust-Torte essen zu müssen. Und schon genehmigen sie sich eine kleine Flucht aus der Pflicht. Ob als Schulschwänzer oder als Arbeitsverweigerer. Den meisten geht es dabei nicht um Betrug, sondern darum, den Spaß am Leben wieder zu genießen, um das Gefühl zu haben, dabei zu sein.

Die Tagträumer

Ihr Zuhause ist das Wolkenkuckucksheim. Sie sind immer woanders und doch immer bei sich. Die Realität und ihre Forderungen berühren sie nur am Rande. Sie sind wie in weiche Watte gepackt und bewegen sich mit schlafwandlerischer Sicherheit durch die Tücken des Alltags. Es umgibt sie immer ein Hauch von Bettschwere und Traumwärme. Und manchmal zaubert ein fantastischer Gedankenflug ein zauberhaftes Lächeln auf ihr Gesicht. Es sind angenehme Zeitgenossen, die auf geheimnisvolle Weise mit dem Kosmos verbunden sind.

Die Kaffeehausgucker

Eine besonders weit verbreitete Unterart der großen Gruppe der wollüstigen Voyeure. Schauen geht ihnen über alles – am besten in einer angenehmen Umgebung, in der es sich lange gemütlich aushalten lässt. Das Kaffeehaus ist aber nur einer von vielen Ausgucken dieser Augenbummler. Ihnen genügt es, die Welt als Bühne und Möglichkeit zu erleben. Sie wollen schauen und sonst gar nichts. Höchstens noch ein bisschen darüber reden.

Die Gammler – Lilien auf dem Feld des Wirtschaftswunders

In den sechziger Jahren, den Zeiten von Flower Power und Studentenprotest, gab es außer den Revoluzzern und den Hippies auch noch die Gammler. Das waren harmlose, arbeitsscheue Gesellen, die es sich zur Maxime gemacht hatten, in den Tag hineinzuleben und alle fünfe gerade sein zu lassen. Sie legten keinen Wert auf das Aussehen oder die Kleidung. Sie spazierten gemütlich am Rande der Arbeitsgesellschaft dahin und „schnorrten" sich durchs Leben. Sie waren keine Penner oder Stadtstreicher, die in der bürgerlichen Existenz gescheitert waren, und sie waren auch keine No-Future-Generation, die ihre Verweigerung als Protest verstand. Die Gammler wollten auch nicht die Welt verbessern, sie sahen ihr Dasein nicht mal als kunstvollen Müßiggang: Sie wollten nichts als in den lieben langen Tag einfach so hineinleben. Sie probierten einfach mal aus, ob die Bibel nicht doch Recht hat mit der Aufforderung, wie die Lilien auf dem Felde zu sein, um ohne Arbeit himmlischen Lohn zu empfangen. Bis heute hat das Herumgammeln seinen verführerischen Reiz nicht verloren – wer lässt sich nicht von Zeit zu Zeit gehen, liegt einmal auf der faulen Haut, blinzelt in die Sonne und spielt mit dem Gedanken, einfach auszusteigen?

Darum sage ich euch: Sorgt nicht um euer Leben, was ihr essen und trinken werdet; auch nicht um euren Leib, was ihr anziehen werdet. Ist nicht das Leben mehr als die Nahrung und der Leib mehr als die Kleidung? Seht die Vögel unter dem Himmel an: Sie säen nicht, sie ernten nicht, sie sammeln nicht in die Scheunen; und euer himmlischer Vater ernährt sie doch. (...) Und warum sorgt ihr euch um die Kleidung? Schaut die Lilien auf dem Felde an, wie sie wachsen: Sie arbeiten nicht, auch spinnen sie nicht. Ich sage euch, dass auch Salomo in seiner ganzen Herrlichkeit nicht so gekleidet gewesen ist wie auch nur eine von ihnen.

NEUES TESTAMENT, MATTHÄUS 6,25 FF

Der Tiger und die Tonne

Einmal spülte das Meer
eine Tonne an den Strand,
die man bald darauf fand.
Sie mitzunehmen jedoch
hatte für niemanden Sinn;
denn in der Tonne war nichts drin.
Eines Abends kam ein Tiger ans Meer,
der war müde und hatte es noch weit,
er sah in die Tonne,
legte sich hinein
und fand darin Zeit.

PETER-T. SCHULZ

Die Dichter auf dem Diwan

oder: Der Kuss der Muße

Schauspieler werden gerne gefragt, was sie denn tagsüber machen, da die Vorstellung doch erst abends ist. Das fahrende Volk, die Gaukler und Mimen, hielt man schon immer des Müßiggangs für verdächtig. Als Hungerleider und Tunichtgute verspottet, waren sie der Schrecken einer braven bürgerlichen Existenz, die ihre Daseinsberechtigung aus steter Pflichterfüllung ableitete. Genau diese aber wurde von den unsteten, vogelfreien Gestalten infrage gestellt. Und weil man selbst vielleicht insgeheim mit dem freien Leben der „Vogelfreien" liebäugelte, den Ausbruch aber nicht wagte, so mussten die Verlockungen zu einem Leben kreativen Müßiggangs im Inneren und Äußeren bekämpft werden. Die Künstler als Kaste wurden geschmäht und wehe, eines dieser gefährlichen Subjekte tauchte zum Schrecken der Eltern als Kuckucksei in der eigenen Familie auf. Dann musste dem schwarzen Schaf zumindest ein Brotberuf abgerungen werden. Den Dichtern unter ihnen wurde als Schreckensbildnis ihrer Zukunft das Gemälde des armen Poeten von Carl Spitzweg unter die Nase gehalten, der in einer zugigen Dachstube auf dem Matratzenlager Verse schmiedend sein kärgliches Dasein fristet. Angesichts solcher elterlicher Daumenschrauben übten viele Schriftsteller – Eichendorff, Büchner, Kafka und viele andere mehr – tatsächlich bürgerliche Berufe aus, unter denen sie litten und in denen sie sich nach den Mußestunden sehnten, in denen sie ihre wahre, die schriftstellerische Existenz auslebten.

Selbst die modernen Dichter, die das Schreiben schon als Brotberuf verstanden, wie etwa Thomas Mann, der sich eine strikte Schreibdisziplin auferlegte, brauchten viel Muße für ihre Werke. Bei Thomas Mann war der Vormittag dem Schreiben gewidmet und bei seinem täglichen mehrstündigen Aufenthalt auf der Museninsel durfte er auf keinen Fall gestört werden. Nachmittag und Abend gehörten dann ganz dem gesellschaftlichen Müßiggang, um auf dem Boulevard der Eitelkeiten schöpferische Gedanken zu fassen. Wie eng der Kuss der Muse mit dem Kuss der Muße verwandt ist, hat der Wiener H. C. Artmann verraten: „Ich als Dichter stelle nur die Bettstatt zur Verfügung. Auf ihr treiben dann die Worte Unzucht miteinander." So gesehen gehört der Diwan zum Dichter wie die Matratze zur Muße.

Lieber Carl

... Ich habe einmal bei der MGM gearbeitet, in dem Eiskasten, den sie das Thalberg Building nennen, dritter Stock. Hatte einen angenehmen Produzenten, George Haight, ein netter Kerl. Um die Zeit etwa hatte grad irgendein Grützkopf, vermutlich Mannix, entschieden, die Schriftsteller bekämen keine Couch mehr in ihr Zimmer, weil sie mehr arbeiten würden, wenn sie sich nicht lang legen könnten. Folglich stand auch in meinem Büro keine Couch. Nun war ich nie ein Mann, der sich von Bagatellen umschmeißen lässt; ich holte mir also eine Wolldecke aus dem Auto, breitete sie auf dem Fußboden aus und legte mich drauf. Kurz darauf kam Haight zu mir rein, auf einen Höflichkeitsbesuch, sah mich, stürzte zum Telefon und bellte den Story-Redakteur an, ich wäre ein horizontaler und man sollte mir um Himmels willen eine Couch raufschicken.

RAYMOND CHANDLER

Kennst du das Land, wo die Zitronen blühn,
im dunkeln Laub die Gold-Orangen glühn,
ein sanfter Wind vom blauen Himmel weht,
die Myrte still und hoch der Lorbeer steht,
kennst du es wohl?

JOHANN WOLFGANG VON GOETHE

Dolce far niente –
die Sehnsucht
nach dem südlichen Paradies

Warum man im Süden leichter alle fünfe gerade sein lassen kann? Das mag am Klima liegen. Denn wenn um die Mittagszeit die Sonne vom Himmel brennt, dann ziehen sich die Menschen zur Siesta zurück. Die Mittagsstunden gehören in allen südlichen Ländern dem Nichtstun. Der Kluge sucht sich wie alle Lebewesen seinen Schattenplatz, um die Lebensenergie nicht unnütz zu verschleudern. Abgesehen von den Touristen. Für die ist das Sonnenbaden in der großen Glut des Mittags selbstverständlich. Vielleicht weil jede Sekunde der freien Zeit ausgenutzt werden muss? Vielleicht weil gebräunte Haut nach wie vor als Statussymbol gilt, für das gesundheitliche Schäden schon mal in Kauf genommen werden? Ganz im Gegensatz zu früher, als vornehme Blässe ein Ausweis des Adels und der Muße war, während braune Haut auf Fronarbeit unter freiem Himmel schließen ließ und ein Merkmal der Bauern und Arbeiter blieb.

Gerade in den Mittelmeerländern gehört also der Wechsel von Ausruhen und Arbeiten, von Nichtstun und Tätigsein schon wegen der klimatischen Gegebenheiten zur traditionellen Lebensweise.

Hinzu kommt, dass sich das Leben in viel stärkerem Maße unter freiem Himmel abspielt als in den kühlen und kalten Ländern des europäischen Nordens, in denen man sich mehr in die Behausungen, in die „Höhlen" verkriecht, in denen es natürlich viel schneller „langweilig" wird als in Gottes freier Natur, in der immerzu Abwechslung herrscht. Unter südlicher Sonne fällt natürlich das Müßiggehen leichter, es bietet sich geradezu an – vor allem dann, wenn man von Nord nach Süd blickt. Die deutsche Italiensehnsucht hat diesen Wunsch nach Erlösung vom dunklen, kalten Dasein des Nordens überhöht. Sie beruht aber auf dem Missverständnis, dass das Leben im Süden nur aus Müßiggang bestehe und nicht aus dem uralten Wechsel von Ruhe und Bewegung, so wie das Meer immer rhythmisch an das Ufer schlägt. Aus diesem Missverständnis heraus hält der Pauschalurlauber den Süden noch heute für einen Ort, an dem man sich gehen lassen kann, wie man möchte: Zahlreiche Touristen, die selbst mit Badelatschen und nacktem Oberkörper Kirchen und Paläste besichtigen, halten an dem Vorurteil fest, die Einheimischen seien Taugenichtse, Tunichtgute und Tagediebe.

Ein amerikanischer Millionär macht in Italien Urlaub. Als er am Strand liegt und sich sonnt, sieht er einen jungen Italiener, der am helllichten Tag am Kai in der Sonne sitzt und dem *dolce far niente* frönt.

Er fragt ihn: „Warum arbeiten Sie eigentlich nicht?"

„Warum soll ich arbeiten?", erwidert der Italiener.

„Um Geld zu verdienen natürlich!"

„Warum soll ich Geld verdienen?"

„Damit Sie sich etwas leisten können!"

„Was soll ich mir denn leisten können?"

„Na, eine schöne Reise zum Beispiel."

„Wohin sollte ich den reisen?"

„Na ans Meer zum Beispiel wie ich."

„Und dann?"

„Dann könnten Sie mal gar nichts tun, so richtig entspannen, sich erholen und den Sonnenuntergang genießen."

„Aber das alles mache ich doch jetzt schon."

Wir mögen die Welt durchreisen,
um das Schöne zu finden,
aber wir müssen es in uns tragen,
sonst finden wir es nicht.

Ralph Waldo Emerson

Auf die Frage, was denn **Meditation** sei, antwortet der ZEN-Meister: „Wenn ein vergangener Gedanke aufgehört hat und ein zukünftiger Gedanke noch nicht da ist, dann entsteht eine winzige, kaum messbare **Pause**, wie die **Pause** zwischen Ein- und Ausatmen.

Diese **Pause** ist der Beginn der **Meditation**. ZEN bedeutet nichts anderes, als die **Pause** zwischen zwei Gedanken wachsen zu lassen, bis sie so groß ist wie das Universum."

ZEN-GESCHICHTE

ZEN –
Fernöstliche Gelassenheit

Ex oriente lux – im Osten geht nicht nur die Sonne auf, von dort kommt auch das Licht der Erkenntnis und der Weisheit: Diese Vorstellung zieht sich durch die europäische und spätestens seit Goethe auch durch die deutsche Geistesgeschichte. Der ferne Osten übt auf das Abendland eine fast magische Anziehungskraft aus – bis heute, da die fernöstlichen Entspannungs- und Kampf-techniken, die medizinischen und esoterischen Heilsleh-ren einen regelrechten Boom erleben. Was die Kunst des Nichtstuns angeht, so hat es der ferne Osten tatsächlich zur unerreichten Meisterschaft gebracht. Seit Jahrtausenden wird dort das Ideal der tatenlosen Seinsvergessenheit ver-feinert und es hat in der Religion des Buddhismus seinen spirituellen Ausdruck gefunden. Der Buddhismus mahnt den Menschen, seinen aus den Leidenschaften geborenen irdischen Tatendrang zu überwinden. Der bewegte Strom des Lebens, der Strom der Welt, *Sansara* ist aus dem Verb *sri* gebildet, das nicht nur fließen bedeutet, sondern auch wandern, eilen und rennen. Damit verweist es auf Unru-he, Hast und Gier des Lebens. Dem gegenüber steht das *Nirvana*, die absolute, ruhende Wirklichkeit, die es durch die richtige Lebensführung zu erreichen gilt. Das Nirvana wird dabei aber keineswegs als absolute Leere verstanden, sondern im Gegenteil als „Fülle des Seins", als Überfluss des Lebens im Ganzen, als „Seinswonne", befreit von allem Überflüssigen.

Vor diesem Hintergrund entstanden die hoch entwickelten Techniken des Ruhens und Schauens, die auf uns so faszinierend wirken: die Kunst des Blumensteckens, die Kunst der Gartengestaltung, das Haiku – das meditative Kurzgedicht –, Yoga, Tai-Chi usw. Allen Techniken gemeinsam ist als Grundlage die Meditation, die Versenkung in den Augenblick. Die Herkunft des Worts wird oft von Mitte („med") abgeleitet, gilt es doch, die Mitte zu suchen, das Gleichgewicht, die von Sehnsüchten und Bedürfnissen ungetrübte Ausgeglichenheit. Die Meditation verlangt gerade, nichts zu tun, sondern nur da zu sein und alles sein zu lassen.

Nimm dir täglich Zeit, still dazusitzen und zu lauschen.

GAUTAMA BUDDHA

Ein uralter Weiher.

Vom Sprung eines Frosches

ein kleiner Laut.

Bashō

Lob der Faulheit

Faulheit, jetzo will ich dir
auch ein kleines Loblied bringen. –
O – – wie – – sau – – er – – wird es mir, – –
dich – – nach Würden – – zu besingen!
Doch ich will mein Bestes tun,
nach der Arbeit ist gut ruhn.

Höchstes Gut! wer dich nur hat,
dessen ungestörtes Leben – –
Ach – – ich – – gähn, – – ich – – werde matt. – –
Nun, – – so – – magst du – – mir's vergeben,
dass ich dich nicht singen kann;
du verhinderst mich ja dran.

GOTTHOLD EPHRAIM LESSING

Plädoyer für
die Faulheit

Wer müßig geht, der steht oft im Verdacht, ein Drückeberger zu sein, ein Nichtsnutz, ein Faulpelz. Dabei werden Müßiggang und Faulheit aber fahrlässig in einen Topf geworfen. Denn auch wenn sie, von ferne betrachtet, eine gewisse Ähnlichkeit aufweisen, so unterscheiden sie sich fundamental voneinander. Müßiggang hat mit Faulheit nichts gemein außer sein äußeres Auftreten als Nichtstun. Doch ist das Nichtstun der Faulheit von innen her betrachtet leer, beim Müßiggang besteht das Innere aus blühendem Leben. Dem Faulen ist es egal, was er an die Stelle der Arbeit setzt, es spielt keine Rolle, solange es ihm erlaubt, der Arbeit zu entfliehen. Faulheit ist pure Negation. Anders der Müßiggänger: Sein bewusstes Nicht-Tun ist ihm Bereicherung. Es gewährt Wachheit der Sinne, die jede Regung des Körpers, des Gemüts und der Umwelt aufnimmt. Müßiggang ist nur äußeres Nichtstun, aber innere Aktivität.

> Nichtstun ist die allerschwierigste Beschäftigung und zugleich diejenige, die am meisten Geist voraussetzt.
>
> OSCAR WILDE

> Selig sind die Stunden des Nichtstuns, denn in ihnen arbeitet unsere Seele.
>
> EGON FRIEDELL

Die bloße Faulheit dagegen mache sogar dumm, meint die Wissenschaft. So wie mangelnde körperliche Bewegung die Muskeln erschlaffen lasse, so führe mangelnde geistige Anregung zum Absinken des Intelligenzquotienten. Wer zu lange auf der faulen Haut liege, werde also fett und dumm.

Aber in Zeiten sich ständig steigernder äußerer Aktivität, in einer sich beschleunigenden Welt gewinnt auch die wohldosierte Faulheit einen neuen Wert. Er besteht darin, zum Sand im Getriebe des in geölter Bewegung dahinflitzenden Fortschritts zu werden. Wer faul ist, der sündigt nicht, der behelligt keine Mitmenschen, der zerstört nicht die Welt. Er ist sich selbst genug. Wenn Faulheit ein Übel ist, dann ist es ein liebenswertes und harmloses. Ein Fauler wird Hass und Verfolgung, Krieg und Folter als viel zu anstrengend empfinden, um sich je damit abzugeben, er wird keiner Kreatur ein Haar krümmen.

> Faulheit ist, wenn jemand mit dem Cocktail-Shaker in der Hand auf das nächste Erdbeben wartet.
>
> DANNY KAYE

Es wird ein Dekret erlassen, dass,
wer sich Schwielen an die Hände schafft,
unter Kuratel gestellt wird,
dass, wer sich krank arbeitet,
kriminalistisch strafbar ist,
dass jeder, der sich rühmt, sein Brot im
Schweiße seines Angesichts zu essen,
für verrückt und der menschlichen
Gesellschaft gefährlich erklärt wird,
und dann legen wir uns in den Schatten
und bitten Gott um Makkaroni,
Melonen und Feigen,
um musikalische Kehlen,
klassische Leiber
und eine kommode Religion.

Georg Büchner

Nun aber lebten sie alle vergnügt von einem Tag zum andern, da war nichts als Schmausen und Musizieren und Umherliegen über Rasenbänken und Kanapees. Täglich zur selben Zeit lustwandelten sie rauschend in vollem Staate vor dem Schloss, gleichsam leuchtende Zirkel und Namenszüge durch den Garten beschreibend, der mit seinen Schnörkeln von bunten Scherben wie ein Hochzeitskuchen im Sonnenschein lag, im Hofe hatte der blühende Holunderbusch ihre Staatskarosse schon beinah ganz überwachsen, auf der Marmortreppe schlug der Pfau täglich dasselbe Rad, die Vögel sangen immer dieselben Lieder in denselben Bäumen. Und an einem prächtigen Morgen, den er halb verschlafen, dehnte sich Klarinett, dass ihm die Glieder vor Nichtstun knackten. „Nein", sagte er, „nichts ist langweiliger als Glück!"

Joseph von Eichendorff

Der Abschied
vom süßen Nichtstun

Wer zu lange Muße hat, der wird leicht träge. Der Genuss der freien, selbstbestimmten Zeit schmeckt nicht mehr frisch und stark, sondern schal. Wer zum Nichtstun gezwungen ist, der wird des Müßiggangs schnell überdrüssig. Und wem die Zeit lang wird, der weiß mit ihr und mit sich nichts anzufangen. Ein Geheimnis der Muße besteht in ihrem Mangel. Hätten wir alle Muße im Übermaß, dann würde sie ihren Glanz und Zauber schnell einbüßen und wir würden von der Sehnsucht nach Tätigkeit erfüllt. Das ist die der Muße innewohnende Dialektik. Deswegen liegt in jedem Ende der Mußestunden die Verheißung auf ein neues kleines Paradies. Als süße Belohnung für die ganze Schufterei dazwischen! Also dann los: Ran an die Arbeit!

Ruhe ist Glück — wenn sie
ein Ausruhen ist, wenn wir
sie gewählt, wenn wir sie
gefunden, nachdem wir
sie gesucht;

aber Ruhe ist kein Glück,
wenn sie unsere einzige
Beschäftigung ist.

Ludwig Börne

INHALT

INHALT

INHALT

© Bayerischer Rundfunk/Herlinde Koelbl

Der Autor

Michael Harles, Jahrgang 1954, weiß, worüber er schreibt, denn er ist ein echter Workaholic mit wenig freier Zeit, die er umso mehr zu schätzen weiß und ganz bewusst genießt.

Seit Abschluss seines Philosophiestudiums, einer Schauspiel- und Sprechausbildung arbeitet das Münchener Multitalent als Drehbuchautor, Regisseur, Sprecher und Moderator für den Bayerischen Rundfunk. Durch zahlreiche Dokumentations- und Unterhaltungssendungen wie die „Abendschau", die erfolgreiche Sendereihe „Melodien der Berge" oder die „Schlemmerreisen" ist er bei einem breiten Fernsehpublikum bekannt und beliebt. Seine Medienkompetenz vermittelt er als Seminarleiter an Führungskräfte aus Politik und Wirtschaft.

Im Coppenrath Verlag sind von ihm außer diesem Buch auch die Titel „Das Glück ist immer nah" (ISBN 978-3-649-60508-9) sowie „Männer, die kochen, sind unwiderstehlich" (ISBN 978-3-8157-8106-7) erschienen.